J. FÜRSTENHOFF

De l'adoption du français comme langue auxiliaire internationale

Extrait de la *Revue des Idées*
(15 octobre 1908)

PARIS
AUX BUREAUX DE LA REVUE
26, RUE DE CONDÉ, 26

DE L'ADOPTION DU FRANÇAIS

COMME LANGUE AUXILIAIRE INTERNATIONALE (1)

Au premier abord, l'idée de faire servir la langue française au noble but de la paix n'apparaît pas bien clairement à l'esprit, mais, en y réfléchissant, on conçoit que l'adoption du français comme langue auxiliaire pour les relations internationales constituerait une étape considérable faite dans la voie de l'union étroite des races européennes.

I. Nécessité urgente d'une langue auxiliaire internationale

La nécessité d'une langue auxiliaire internationale n'est plus contestée par personne. Elle s'impose avec une évidence de plus en plus manifeste à mesure que se développent les relations de toute sorte entre les nations civilisées. On pourra bientôt faire le tour du monde en moins de quarante jours; on télégraphie (même sans fil) d'un bout à l'autre des mers; on téléphone entre capitales! Or, à quoi bon télégraphier d'un continent à l'autre et téléphoner d'un pays à l'autre, si les deux correspondants n'ont pas de langue commune? La facilité des communications a amené une extension correspondante des relations économiques : le marché européen s'étend sur toute la terre. Les grandes nations possèdent des colonies jusqu'aux antipodes. Leur politique n'est plus confinée sur l'échiquier européen; elle devient coloniale et « mondiale ». Toujours par la même raison, elles sont de plus en plus obligées de s'entendre et de s'unir par des conventions ou des organismes internationaux tels la Conférence interparlementaire de la Paix, l'Union postale universelle, le Bureau-international de la propriété industrielle à Berne, celui des poids et mesures à Paris, l'Association géodésique internationale, l'Union des observatoires, l'Association internationale des Académies, etc., sans compter les congrès de plus en plus fréquents réunissant des spécialistes de toutes nationalités.

Il est difficile de concevoir qu'en dépit de tous les progrès accom-

(1) Rapport présenté au deuxième congrès international pour l'extension et la culture de la langue française. Arlon Luxembourg-Trèves, 20-23 septembre 1908.

plis, les hommes ne soient pas encore parvenus à s'entendre pour adopter un langage unique.

2. Chances du latin

Universalité du latin dans le passé. — Il y eut, certes, des époques où l'on sembla tendre, sinon vers l'unité de langage, tout au moins vers l'adoption d'une même langue secondaire pour les rapports universels. Ce fut le cas en premier lieu pour le latin, qui eut autrefois de grandes chances de s'imposer à l'Europe. L'expansion de la puissance romaine fit en effet admettre le latin comme langue officielle par les peuples conquis, et les autres langues lui cédèrent peu à peu le pas.

Cependant, le latin classique n'était parlé dans toute sa pureté qu'à Rome, et à Rome même par les seuls patriciens. L'ignorance des légionnaires, la difficulté des communications s'opposèrent à ce que la langue du conquérant pénétrât sans déformation chez les peuples conquis. Il s'opéra un véritable brassage entre le latin et les dialectes locaux, brassage d'où sortirent les langues modernes. Toutefois, le latin se maintint encore longtemps en Europe comme langue écrite, comme langue de la religion et de la science ; jusqu'au XVIIe siècle, il fut un instrument d'échange intellectuel dans l'Europe entière.

Abandon du latin. — En se perfectionnant, les langues nationales limitèrent de plus en plus l'usage du latin. Celui-ci semble même destiné à disparaître complètement du programme des écoles dans un avenir plus ou moins rapproché. Tout a été dit au sujet des avantages du latin, mais les regrets que peut provoquer son abandon paraissent devoir être vains. D'ailleurs, le latin ne peut être proposé sérieusement que comme langue à l'usage des lettrés. En effet, le latin classique est beaucoup trop difficile et trop long à apprendre. Il ne faut pas se lasser de le répéter : l'élite de la jeunesse passe sept et jusque à neuf ans à étudier le latin et aboutit à l'écrire péniblement à coups de dictionnaire, et pas toujours correctement. A plus forte raison n'est-elle pas en état de le parler. Aussi, l'immense majorité a-t-elle bientôt fait d'oublier toute notion de cette langue. Même ceux qui, par profession, entretiennent et développent leur connaissance du latin éprouvent de grandes difficultés à s'en servir. On sait que la thèse latine, devenue facultative depuis 1903 en France, n'est plus considérée que comme une corvée ridicule et une ennuyeuse formalité et ce n'est un mystère pour personne que beaucoup de candidats s'en acquittent en traduisant ou en faisant traduire leur travail rédigé en français. (*La thèse latine et le doctorat es lettres*, par PICAVET. *Rev. intern. de l'enseignement* du 15 mai 1903.) Aussi la majorité des docteurs en philosophie et lettres est incapable de se servir couramment du latin. Que dire alors des docteurs en science, en droit et en médecine !

Le latin ne se prononce pas de même dans les divers pays.— De nos jours, on peut même considérer comme une impossibilité de parler latin, car, ainsi que le reconnaissait d'Alembert, nous ignorons comment les Latins prononçaient la plupart de leurs voyelles et de leurs consonnes. Sans doute, la philologie a fait de grands progrès dans la connaissance phonétique de l'idiome parlé à Rome, et notamment après les travaux de Corssen, Seelman, etc., on est arrivé à une précision relative à cet égard, mais les notions ainsi acquises n'ont guère pénétré du monde savant dans celui des collèges. Il en résulte que chaque nation moderne prononce le latin a peu près comme sa propre langue et trouve ridicule la prononciation des autres. Ainsi *Cicero* se prononce en France *Sisero*, en Allemagne, *Tsitsero*, en Italie *Tchitchero*, alors qu'à Rome on disait *Kikero*. De même le *u* est prononcé *ou* par plusieurs peuples, *dominus* se disant *dominous*, alors qu'à Rome, dès la fin de la République, on disait *domnos*. Toute tentative pour uniformiser cette prononciation se heurterait à une routine invétérée, à une tradition séculaire, et il serait sûrement plus facile d'introduire la prononciation d'une nouvelle langue que de modifier celle admise dans chaque pays pour le latin.

Le latin ne pourrait donc être proposé que pour les relations internationales par écrit, et il est inutile de démontrer l'insuffisance de l'écriture pour les relations internationales. Ce serait un langage de muets et, de plus, un langage hérissé de difficultés.

3. CHANCES DES NÉO-LATINS

On a proposé des modifications du latin, des néo-latins qui ne sont pas plus admissibles que le latin lui-même. Des modifications, même légères, apportées à une langue suffisent déjà pour en modifier considérablement l'aspect. Or, ce sont des modifications profondes que devrait subir le latin classique, car celui-ci ne convient plus par son synthétisme à l'esprit des peuples modernes. Toutes les langues vivantes actuelles, y compris celles dérivées du latin, ont évolué du synthétisme vers l'analytisme. Le latin ainsi modifié constituerait une langue nouvelle ne conservant que les racines latines et pouvant se classer parmi les langues romanes. C'est l'avis de M. Michel Bréal, lorsqu'il s'exprimait ainsi : « Je suis porté à croire que ce latin saturé de termes modernes ou de mots anciens à significations nouvelles, plié à une syntaxe plus analytique, ne tarderait pas à ressembler beaucoup à du français. (*Revue de Paris*, 15 juillet 1901, p. 233.) Malgré la plus grande régularité que l'on pourrait donner à la grammaire d'une telle langue, il vaudrait infiniment mieux adopter directement une des langues romanes, et parmi celles-ci tout particulièrement la langue française.

4. La langue auxiliaire doit être analytique comme l'est surtout le français

Le français se rapproche, en effet, considérablement du modèle que Leibnitz indiquait en 1679 pour aider à l'élaboration d'une langue idéale. Leibnitz déclarait inutile et illogique la pluralité des déclinaisons et des conjugaisons. Il devrait donc, disait-il, n'y avoir qu'une seule déclinaison et qu'une seule conjugaison. Le grand penseur préférait les langues analytiques, telles que le latin, et trouvait qu'il fallait tendre à supprimer le plus possible les flexions. Elles font double emploi avec les particules, les propositions régissant les cas et les conjonctions régissant les modes. Par conséquent, ou bien les cas et les modes dispensent des particules, ou bien les particules dispensent des cas et des modes. Cette dernière alternative est évidemment préférable, car les particules sont plus nombreuses et plus variées que les flexions ; il serait impossible d'avoir autant de cas que de prépositions et autant de modes que de conjonctions. Le latin avait dû réunir dans une même forme terminale les fonctions de l'attributif, de l'intermental, du locatif, etc. Il faut donc remplacer tous les cas par le nominatif précédé de diverses propositions et tous les modes par l'indicatif précédé de diverses conjonctions. C'est cette simplification qui a été le principal point de départ de l'évolution romane.

Est-il nécessaire de faire valoir ici que, parmi les langues modernes, la française surtout a supprimé les déclinaisons et tend à l'unité de conjugaison, la première conjugaison dans laquelle se rangent désormais tous les nouveaux verbes étant seule encore vivante. Les autres conjugaisons constituent, avec la plupart des diverses exceptions de la grammaire, les reliques du passé, des *fossiles*. Affirmons le donc hautement, l'évolution de la langue française mène celle-ci à la régularité et à la simplicité. Elle porte en elle, comme les êtres vivants, une masse d'éléments atrophiés, morts, éléments dont elle saura sans aucun doute se débarrasser. Cette tendance à la régularité se manifeste certes également dans l'évolution des autres langues et surtout des langues romanes du sud de l'Europe, mais le français se distingue particulièrement dans cette voie. Le graphisme même évolue en français de façon à supprimer les erreurs étymologiques et à faciliter la prononciation.

5. Chances des langues artificielles

La tendance légitime des nationalités vers leur indépendance linguistique a fait croire à l'impossibilité de l'adoption, presque réalisée cependant dans le passé, du français comme seconde langue et les esprits désireux d'aboutir se tournèrent vers les langues artificielles.

Nous avons tous entendu parler du volapuk et plus récemment de l'espéranto, qu'un récent congrès vient encore de rappeler à nos souvenirs. Les volapukistes et les espérantistes ont montré et montrent encore une telle confiance en la bonté de leur cause qu'il est impossible de ne pas examiner leurs revendications.

Les langues artificielles évoluent aussi. — Depuis plus de deux siècles, de nombreuses tentatives ont eu pour objet la création d'une langue artificielle. On peut considérer le père Herman Hugo ou Hugon, né à Bruxelles en 1588, comme le premier savant qui se soit occupé sérieusement de la question. Des esprits remarquables tels que Descartes, Leibnitz, Voltaire, Condillac, Condorcet, etc., ont préconisé l'emploi d'une langue neuve, mais l'examen approfondi des nombreux projets proposés ne pourrait se faire ici. Nous renvoyons donc le lecteur à l'ouvrage très documenté que MM. Couturat et Leau ont fait paraître sur la matière (*Histoire de la langue universelle*. Paris, 1903), ouvrage auquel nous avons fait de nombreux emprunts. Contentons-nous de signaler que l'étude des divers projets de langues artificielles donne l'impression d'une véritable évolution dans les idées qui ont présidé à leur création. Certains de ces systèmes sont devenus surannés sans avoir jamais été adoptés ; d'autres, tout aussi inutilisés, forment une transition entre les précédents et les projets modernes.

Les langues artificielles philosophiques. — Les plus anciens de ces projets, que l'on pourrait ranger sous la rubrique de systèmes philosophiques, étaient basés sur l'idée séduisante de classer d'abord toutes les notions du savoir humain dans un ordre logique et de tirer de cette classification même les radicaux nécessaires pour constituer le vocabulaire. Ainsi Dalgarno proposa le système décimal pour cette classification et traduisait les chiffres en lettres d'après une clef choisie une fois pour toutes.

Les langues artificielles arbitraires : le volapuk. — Insensiblement les inventeurs se rendirent cependant compte des inconvénients provenant du classement des connaissances en catégories et ils en arrivèrent à forger de toutes pièces les mots de leur vocabulaire. L'effort de mémoire nécessaire pour apprendre une telle langue était toujours considérable. On s'explique donc l'échec des projets basés sur le choix arbitraire des radicaux.

Mgr Schleyer, prélat romain et polyglotte remarquable, inventa le volapuk en tirant ses radicaux de diverses langues et principalement de l'anglais. Ces radicaux pris au hasard et dénaturés ne rappelaient souvent plus rien du mot primitif, connu d'ailleurs seulement de ceux parlant la langue à laquelle il était emprunté. Mgr Schleyer, qui s'était inspiré des mobiles philanthropiques les plus élevés, considérait son invention comme une grande œuvre de paix et il eut un moment l'illusion d'avoir vraiment réalisé l'union des peuples en basant sur la question des langues. En effet, paru en 1880, le volapuk se répandit d'abord dans l'Allemagne du Sud, puis en France vers 1885 et de là dans tous les pays civilisés des deux continents. Le Comité français comprenait des notabilités de toutes espèces. Il se donnait simultanément à Paris 14 cours. De grands magasins, tels que ceux du Printemps, en organisaient pour leur personnel. En un mot, le volapuk fit des progrès rapides et eut un succès inouï. En 1889, il y avait 283 clubs volapukistes dans le monde et l'on évaluait à 1 million le nombre total d'adhérents. Le nombre des ouvrages spéciaux était de 316, dont 182 parus en 1888. On comptait aussi 25 journaux volapukistes et au 3e congrès, qui se tint à Paris en 1889, l'on s'entretint exclusivement en volapuk. Le triomphe universel et définitif de cette langue semblait donc établi, et cependant son déclin fut plus rapide encore que ses progrès. Il serait trop long d'établir les diverses raisons qui amenèrent son abandon quasi total. Nous nous contenterons d'indiquer parmi ces raisons la trop grande richesse que Mgr Schleyer avait donnée à sa langue. On vantait par exemple les 505.440 formes différentes que peut prendre un verbe en volapuk, alors que ses adeptes réclamaient surtout une langue simple et pratique. Il y avait encore l'inconvénient, déjà signalé, de l'arbitraire qui avait présidé aux choix des radicaux. Il n'en fallut pas davantage pour que des demandes de réformes se fissent jour. Mgr Schleyer s'opposant aux réformes, celles-ci s'accomplirent sans lui et amenèrent des schismes. La déroute finale devait fatalement s'ensuivre.

Les langues artificielles doivent être analytiques et à radicaux internationaux. — Les discussions passionnées qui s'engagèrent sur ce terrain du volapuk ont au moins eu pour effet de mieux mettre en lumière les conditions que doit remplir une langue artificielle pour être acceptable. Des linguistes et des philologues s'occupèrent de la question et s'ingénièrent à donner au nouvel organisme une base scientifique, c'est-à-dire historique et philologique. Il serait trop long d'essayer de résumer les nombreux travaux parus sur ce sujet. Contentons-nous de signaler les deux conditions principales sur lesquelles l'accord fut à peu près complet. Ces deux conditions sont d'abord le caractère analytique de la grammaire et ensuite l'internationalité absolue ou aussi grande que possible des radicaux à choisir.

Parmi les divers projets satisfaisant plus ou moins à ces deux conditions, l'*idiome neutral*, œuvre d'une académie internationale, est assurément l'un des plus complets et des plus pratiques qui aient été proposés depuis le volapuk. L'idiome neutral est un exemple typique de la tendance évidente que montrent les langues artificielles à se rapprocher des langues naturelles lorsqu'elles se soumettent à la seconde des conditions qui viennent d'être mentionnées. C'est en effet par le secours de la philologie et la recherche des racines internationales qu'est produit ce rapprochement. Les langues naturelles, vers lesquelles convergent les langues artificielles, guidées par la philologie, sont exclusivement les langues romanes et particulièrement le français, car les racines internationales sont surtout d'origine latine. (J. Lott évalue à 10.000 le nombre de racines latines devenues internationales.) Il en est si bien ainsi que l'idiome neutral adopte une grammaire plutôt romane et prend pour modèle la prononciation française pour décider du graphisme de ses racines. Il est extrêmement remarquable que l'Académie dont émane l'idiome neutral, bien que présentant toutes les garanties nécessaires de neutralité (elle se composait d'un Belge, de deux Danois, quatre Allemands, un Anglais, trois Italiens, deux Hollandais et six Américains, donc pas un seul Français) ait abouti à une langue exclusivement romane par sa grammaire et son vocabulaire!

Il est cependant à remarquer qu'en se rapprochant des langues romanes les langues artificielles prennent l'apparence disgracieuse et choquante d'une langue nationale estropiée, n'ayant d'autre part aucune littérature ni tradition vivante. C'est ce que Remy de Gourmont fait ressortir avec humour dans le passage suivant : « Le goût de l'esperanto est barbare. Peut-être que ce langage n'est pas très désobligeant pour un Turc, mais un Français tel que moi-même ne peut voir, sans honte, ces mots volés à sa propre langue et mutilés ou bariolés à la sauvage. Il me semble que je considère avec pitié un de ces prisonniers d'autrefois qu'on renvoyait aux siens le nez coupé, les oreilles rasées. »

L'espéranto. — Zamenhof chercha à éviter de parodier les langues romanes en adoptant trois catégories de radicaux, à savoir : les internationaux réels, ceux qui ne le sont que partiellement, et ceux qui ne le sont pas du tout. Ces derniers ramènent naturellement l'arbitraire qu'il fallait surtout écarter.

Un autre inconvénient que présente l'esperanto, ainsi d'ailleurs que toutes les langues artificielles, est la déformation que la dérivation régulière fait subir aux radicaux au point de les défigurer complètement. C'est pourquoi Grabowski est fondé en reprochant à l'esperanto de dire *kommunikigo* pour *communicasion* et *legigi* pour *légalizer*, etc. On se trouve ainsi acculé à cette antinomie : les mots internationaux ne sont pas réguliers et les mots réguliers ne sont pas internationaux. Il est certain que l'on préférera toujours des mots internationaux irréguliers, mais connus, à des néologismes réguliers, mais barbares. L'on est ainsi conduit à reconnaître que les radicaux internationaux à dérivation régulière, tout autant que les radicaux pris arbitrairement, mènent à une langue inacceptable. La régularité tant prônée de la dérivation des langues artificielles est donc un leurre!

Notons encore que l'esperanto a le tort de présenter une forme spéciale pour l'accusatif, alors que l'évolution générale des langues modernes les oriente vers l'analytisme, c'est-à-dire la suppression des régimes.

On ne s'étonnera point que des tendances se manifestèrent dans le sens d'une réforme de l'esperanto. C'est ainsi que virent le jour *l'analytic modern latin* de Grabowski, la *mundo-lingue* de J. Lott, la *lingua komun* de Kürschner, le *panroman* de H. Molenaar (de Munich), propositions qui rectifient la courbe de l'évolution des langues artificielles menant celles-ci vers les langues romanes, courbe que l'esperanto essaie en vain de modifier. Déjà, en 1894, le Dr Zamenhof, inventeur de la langue, se vit obligé de dissoudre la ligue espérantiste qu'il avait fondée quatre ans auparavant. Cette dissolution se fit uniquement parce que des projets de réforme menaçaient déjà à cette époque de remettre en question les bases mêmes de la langue.

L'ido. — Il est d'ailleurs à présumer que les exigences réformistes ne pourront être supprimées si l'esperanto se répand quelque peu. Déjà une scission grave s'annonce. M. de Beaufront, l'auteur bien connu de divers lexiques espérantistes, a créé un nouveau langage appelé l'*ido* et de nombreux adeptes suivent déjà ce nouveau prophète, de même qu'autrefois les volapukistes se convertirent en foule à l'espérantisme. Tous les hommes désireux de faire aboutir la question de la langue auxiliaire ont montré et montreront d'ailleurs toujours un pareil désintéressement pour adhérer, même les yeux fermés, à la langue qui leur paraîtra réunir le plus de chances de réussite.

Les langues artificielles se corrompraient en se répandant. — Malheureusement, les chances sont moindres, en réalité qu'en apparence. Ce qui manquera toujours à une langue artificielle, comme aux langues mortes, c'est une norme fixe de prononciation. Le fait qu'un certain nombre de volapukistes ou d'espérantistes de nationalités différentes ont pu se comprendre, jouer des pièces, etc., n'infirme guère cette vérité. L'enthousiasme des néophytes d'une religion ne leur permet pas d'en apercevoir les désavantages. C'est par une série de déformations souvent imperceptibles, et par un usage très répandu, qu'une langue se corrompt. L'académie que l'on voudrait fonder pour fixer une langue nouvelle serait naturellement internationale, donc soumise à des influences contradictoires rendant l'accord difficile à obtenir, en admettant qu'il se fasse d'abord sur la prononciation des racines latines choisies.

Ces appréhensions ne peuvent exister à l'égard du français s'il était adopté comme langue auxiliaire. Ayant déjà subi une longue évolution, parlé par des millions d'hommes, fixé dans une des plus riches littératures qui soient, le français possédera toujours une force expansive propre qui lui permettrait de s'imposer de façon uniforme aux différents peuples sans avoir à craindre de se désagréger à leur contact. Respectueux de son glorieux passé et de sa vitalité actuelle, les étrangers s'étudieraient à se l'assimiler scrupuleusement. Les erreurs individuelles auraient ainsi un correctif certain et elles ne pourraient faire masse, comme dans le cas d'une langue neuve.

6. Chances des langues vivantes

Il est, d'autre part, un fait indiscutable. Seule, la croyance à l'impossibilité d'un accord en faveur d'une langue vivante pouvait justifier sérieusement les propositions de langues artificielles. La possibilité d'un tel accord signifierait donc l'inutilité de ces propositions. Le travail énorme de l'élaboration des deux cents langues environ qui ont déjà été inventées n'aurait pas cependant été effectué en pure perte. Il aurait en effet servi à démontrer, d'une part l'inutilité des tentatives pour créer une langue internationale vraiment indépendante des langues néolatines, et, d'autre part, la préférence à accorder aux langues romanes, et particulièrement au français comme langue internationale.

Comme dernier argument en faveur du français comparé aux langues artificielles, on peut encore faire valoir que celle de ces langues qui possède actuellement le plus de défenseurs, c'est-à-dire l'espéranto, doit surtout son succès relatif à l'engouement de certains Français. Peut-on admettre qu'un seul des espérantistes français s'oppose à l'adoption de la langue française comme langue auxiliaire ? D'ailleurs les Français sont précisément les seuls n'ayant pas voix au chapitre ! Quand à l'amoureux d'idéal qui s'obstinerait à poursuivre le chimérique espoir d'une langue nouvelle parfaite et destinée à rester telle, on pourrait le satisfaire en lui montrant la possibilité de perfectionner la langue française de façon à satisfaire ses exigences.

7. Chances du français

L'examen attentif de la question montrant la nécessité d'écarter les langues mortes ou nées telles, il nous reste à envisager la situation de la langue française vis-à-vis des autres langues vivantes.

Universalité de la langue française dans le passé. — Une sorte de consentement universel a fait adopter autrefois le français comme langue diplomatique et comme langue des cours. Bien des faits d'ordre politique y avaient aidé : les croisades où les Francs avaient joué un grand rôle ; plus tard, les expéditions normandes, le prestige de Louis XIV et les succès militaires de Napoléon. La splendeur sans pareille de la littérature française aux XIIe et XVIIe siècles, la séduction mondaine et humanitaire des écrivains français du XVIIIe siècle, l'attrait permanent exercé par Paris n'influèrent pas moins pour faire adopter le français par la haute société européenne. Vers 1770, celle-ci parlait exclusivement le français partout. Aujourd'hui, le développement de l'esprit nationaliste a diminué quelque peu à l'étranger ce goût de la culture française qui faisait dire qu'on avait deux patries : la sienne et la France. L'attrait exercé par cette dernière est cependant encore vivace.

Les langues nationales ne seraient pas lésées par la langue auxiliaire. — Un des premiers motifs de crainte des divers pays pourrait être qu'une fois adoptée par les différentes nations la langue française n'arrive à s'imposer au point de faire passer les langues nationales au second plan et même de les supplanter complètement. Dans la pensée de certains, l'emploi d'une langue a des contre-coups politiques et sociaux ; adopter le français, c'est subir une sorte d'annexion morale. Or, si l'abandon du grand nombre actuel de langues au profit d'une seule ne pourrait être qu'avantageux pour tout le monde, il n'en est pas moins puéril de craindre qu'on puisse, par l'adoption d'une seconde langue, diminuer la valeur de ce puissant outil qu'a été le nationalisme linguistique pour la constitution et la défense des nationalités. Rien de semblable n'est plus à redouter. Les langues modernes sont arrivées aujourd'hui à un stade de développement tel qu'elles ne sauraient souffrir du contact du français employé seulement pour les relations extérieures. Rappelons-nous que la langue grecque, bien constituée, résista et se répandit en Orient pendant la domination romaine. Chacun conservant sa langue maternelle, les relations, à l'intérieur des États, ne seraient aucunement modifiées au point de vue linguistique. Les gouvernements auraient d'ailleurs toute liberté de prendre les mesures de défense qu'ils jugeraient utiles.

Les Français ne tireraient pas d'avantages spéciaux de l'adoption de leur langue. — La crainte que l'emploi international de leur langue ne procure aux Français des avantages spéciaux n'est pas plus sérieuse à l'examen. En effet, l'emploi exclusif du français par la diplomatie n'a pas, que l'on sache, fait attribuer jusqu'à présent de part plus grande à la France, dans les traités. La facilité procurée à quarante millions de Français par l'adoption de leur langue ne serait-elle pas d'ailleurs largement compensée par l'avantage qui en résulterait pour d'innombrables étrangers de ne plus devoir s'attarder à l'étude d'une dizaine de langues ? Il y a de grandes probabilités pour que l'adoption du français comme langue auxiliaire profite, par exemple, plus largement à l'exportation allemande qu'à l'exportation française, sur les marchés du monde. En réalité, la langue française cesserait simplement d'être l'apanage exclusif de la France. Elle deviendrait une propriété internationale et son extension profiterait à l'ensemble des nations au même titre, par exemple, que le système métrique.

Chances des autres langues vivantes. — Le désir secret qu'auraient d'autres nations de faire adopter leur propre langue pourrait, semble-t-il, les inciter à s'opposer à l'adoption du français. Il est certain que c'est le français qui a le plus de chances d'aboutir, et son échec signifierait plutôt le rejet des autres langues également. Quant à l'espoir de voir une des autres langues s'imposer d'elle-même par son expansion naturelle, il est chimérique. En effet, la persistance de l'emploi de certaines langues telles que le polonais, malgré une pression officielle considérable, montre la vanité des efforts faits pour la suppression rapide de langues bien constituées. D'ailleurs, le courant des idées mène à la suppression des tyrannies linguistiques. Quant à l'expansion des langues par l'émigration des nationaux, le développement de l'anglais aux États-Unis (bien que les émigrants n'y furent pas tous Anglais) est certes encourageant, mais celui du français au Canada et du hollandais en Afrique du Sud ne l'est guère. D'autre part, il n'est pas absolument certain que c'est une majorité qui sera appelée à décider du choix de la langue universelle de l'avenir. L'éminent sociologue russe Novicow (« La langue auxiliaire du groupe de civilisation européen et les chances du français », *Revue des Deux Mondes*, du 1er décembre 1907) démontre au contraire, par l'exemple de l'allemand littéraire et de l'italien, véritables langues auxiliaires empruntées à de petits États, la Saxe et la Toscane, que ce sont les minorités cultivées qui décident de ce choix.

La formation spontanée d'une langue universelle exigerait des siècles. — Disons plutôt que, branches d'une même famille, les diverses langues européennes sont destinées à se compénétrer de plus en plus, grâce aux facilités croissantes des communications. De même que divers dialectes d'une même contrée ont fini par donner naissance à une langue unique, de même les diverses langues européennes doivent fusionner en une langue composite, d'abord très compliquée, puis évoluant vers la simplification. Malheureusement, un tel phénomène exigera probablement une si longue série de siècles qu'il est de l'intérêt de la civilisation d'adopter dès maintenant une langue secondaire, et de préférence le français, pour faciliter les rapports entre humains.

Il n'y a plus de raisons d'animosité contre la France. — On a pu croire que l'animosité plus ou moins déclarée que ressentiraient certaines nations envers la France serait un obstacle à cette adoption. Nous avons dit jusqu'à quel point on peut séparer les intérêts de la langue française, devenue propriété internationale, de ceux de la France, dépossédée de l'usage exclusif de sa langue. D'autre part, des sentiments francophobes pouvaient avoir leur raison d'être lorsque la France était en situation de prétendre à l'hégémonie politique en Europe. A présent, que la France est devenue une nation résolument pacifique, de tels sentiments ne doivent plus exister. Le développement moderne de puissances telles que l'Angleterre, l'Allemagne, les États-Unis, la mobilisation des forces jusqu'ici latentes en Asie, ont enlevé définitivement toute possibilité à l'hégémonie d'une seule nation dans le monde. La tendance est au contraire aux concentrations de toutes natures et à la confédération des États, d'abord par groupements isolés, puis par l'union de ces groupements. Bien qu'encore première puissance par sa richesse, son commerce et son industrie, la diminution trop grande de sa natalité a mis la France en état d'infériorité numérique vis-à-vis des autres puissances. Celles-ci ont désormais plus de raisons de rechercher son amitié que de craindre une agression de sa part. Les récents accords politiques, ceux qui ne peuvent manquer de se conclure dans l'avenir, sans compter les sympathies que la France a pu s'assurer parmi les nations latines et slaves et dans le monde, placent réellement la nation française dans une situation privilégiée. Les influences pacifiques de la démocratie, très puissante en France, viennent encore fortifier cette situation. L'adoption internationale de la langue française ne pourrait donc éveiller sérieusement la jalousie des autres nations.

On constate d'ailleurs, en faisant abstraction des protestations chauvines qui se produisent en tous pays, lorsqu'on soulève la moindre question internationale, qu'il existe en faveur de la langue française un courant d'idées vraiment favorable dans les divers pays.

Sympathies anglaises pour la langue française. — En Angleterre, M. Cloudesley Brereton, étudiant la question des langues dans *The Monthly Review*, sous le titre « Towards Germany or France » (« Vers l'Allemagne ou la France »), se demande si l'Angleterre, qui réorganise à ce moment son enseignement secondaire, doit se tourner vers l'Allemagne ou vers la France. Au cours de son étude approfondie, il opte nettement pour la France. Voici certaines des raisons qu'il expose : « Quel est, écrit-il, l'idéal qui domine l'éducation germanique ? La recherche de l'érudition ! Quelle est la préoccupation qui domine l'enseignement français ? Celle d'une culture harmonieuse ! Et lequel des deux idéals nous est actuellement le plus nécessaire en Angleterre ? Laquelle des deux langues nous promet le meilleur développement linguistique, logique, esthétique et littéraire ? Est-ce l'allemand, avec sa glorieuse poésie lyrique, son vocabulaire presque sans bornes, avec sa structure d'architecture gothique, ses phrases cathédralesques qui se ramifient en une masse de branches, en un véritable enchevêtrement de chapelles latérales, qui rappellent à la fois l'immensité, la majesté et le mystère de son architype ? L'étudiant moyen distingue mal au travers du fouillis d'arbres que les forêts sacrées germaines placent devant ses yeux ; il s'oriente difficilement au milieu du dédale des phrases interminables et s'empêtre dans un style embarrassé et compliqué. » M. Brereton donne donc franchement la préférence au français « avec sa poésie, son sens exquis de la mesure, son vocabulaire moins copieux, mais qui forme un admirable arsenal d'expressions soigneusement classées ». D'après lui, « la prose française combine la pure ligne architecturale classique, avec la chaleur et le coloris du sentiment moderne ; elle rappelle, par sa précision et sa solidité, les routes et les ponts inébranlables des Romains. Son bon goût, sa modération et son raffinement témoignent qu'elle s'inspire directement des meilleures époques de la culture grecque ! Langue claire et logique, esthétique et littéraire ! Peut-on trouver un meilleur instrument de discipline mentale en dehors du monde classique ? »

L'opinion élogieuse de M. Brereton sur les avantages que présente l'étude de la langue française n'est pas seulement partagée par beaucoup de ses compatriotes, mais encore par tous les gens impartiaux et cultivés. N'est-ce pas encore un Anglais, M. Wells, qui, dans ses *Anticipations*, alla jusqu'à prophétiser l'adoption universelle de la langue française, en se basant sur l'infériorité des autres langues, et particulièrement de la langue anglaise ?

Sympathies américaines pour la langue française. — Aux Etats-Unis également, la langue française s'est acquis de très vives sympathies. M. Cameron, professeur de la célèbre université de Yale, s'y est exprimé de la façon suivante : « L'helléniste à la recherche de l'ancienne éducation classique la retrouvera dans la France moderne qui, non seulement est arrivée à reconstituer le style littéraire grec, mais y a encore ajouté certaines formes, certaines tournures particulières, et a réussi par là à conquérir une suprématie littéraire rappelant celle de l'hellénisme classique. La dette contractée par le monde pratique envers la France est également prouvée par une longue liste de génies scientifiques. Il n'est pas étonnant, dès lors, que Thomas Jefferson se soit écrié un jour : « Tout homme a deux « patries, la sienne et la France ! » Dans l'histoire des Etats-Unis, ce sont encore des noms de Français illustres qui tiennent le premier rang. Notre dette politique envers la France est très grande, car c'est elle qui a été, comme l'a dit Guizot, la nation purificatrice des idées du monde. Et c'est encore elle qui, avec les Etats-Unis, marchera, la main dans la main, à la recherche du progrès, de l'idéal en politique, en morale et en civilisation ! » (*Revue bleue*, du 19 janvier 1905, p. 95.)

Sympathies suédoises pour la langue française. — En Suède, M. Vising, recteur de l'université de Gothembourg (« La Commission de réforme des lycées et l'enseignement des langues. Ce que nous recevons, ce que nous perdons, ce qu'il nous faut », *Journal du commerce et de la marine de Gothembourg*, reproduit dans *Skolan*, 1902, p. 7), fait valoir avec éloquence « les raisons qui font de l'enseignement de la langue française un incomparable instrument pédagogique ; il proclame l'heureux privilège de la littérature française, plus apte que nulle autre à troubler efficacement les dangereuses sécurités intellectuelles et morales ; il discerne, mieux que ne fait le vulgaire, les germes français épanouis dans la science, la littérature et surtout l'art suédois contemporains. Le latin supprimé ou à peu près, le français leur demeure doublement cher, qui perpétue les grands souvenirs classiques et donne la clef à des langues romanes ». L'Union franco-scandinave, placée sous la présidence d'honneur du prince royal, est un gage de la sincérité de ces tendances francophi-

les. Des groupements de ce genre existent également dans divers pays, spécialement en Angleterre, en Bohême, etc. Aux Etats-Unis, il existe 157 comités franco-américains.

Sympathies allemandes pour la langue française. — Pour ce qui regarde l'Allemagne, on pourrait croire, à première vue, que l'opposition doive y être systématique. Cependant, les savants et les philologues allemands ont si bien conscience de ce que tous les peuples européens doivent à la tradition latine qu'ils préféreraient une langue internationale à base purement latine, non seulement comme plus homogène, mais encore comme plus réellement internationale. Les plus illustres philologues allemands tels que Jacob Grimm, Max Müller, Hermann Diels, etc., se sont très nettement prononcés dans ce sens. En outre, parmi les nombreux Allemands qui se sont occupés des langues artificielles, la grande majorité s'est également déclarée en faveur du latin ou des langues romanes. Un d'entre eux, J. Schipfer (*Essai de grammaire pour une langue internationale*, Wiesbaden, 1839), écrivait même que le vocabulaire français devait être préféré à tous les autres. Faut-il rappeler les prédilections marquées, pour la langue française, par le grand Frédéric et par d'autres Allemands illustres ? En réalité, l'exclusivisme intransigeant est le fait d'Allemands peu instruits et aveuglés par un préjugé nationaliste, qui ne peut cependant être réellement blessé dans le cas qui nous occupe. L'Allemagne intellectuelle proclame que la civilisation allemande est fille de la civilisation romaine et il ne lui manque pas d'arguments historiques pour étayer son opinion : l'empire allemand n'est-il pas le successeur de l'empire romain germanique, dont les souverains allaient se faire couronner à Rome et se considéraient comme les héritiers des empereurs romains d'Occident. Herman Diels, membre de l'Académie des sciences de Berlin et philologue remarquable, affirme, dans une conférence faite le 6 novembre 1900, qu'un Allemand ne peut savoir sa langue et comprendre l'histoire et les institutions de son pays que s'il connaît le latin. C'est pourquoi il propose de populariser les humanités latines en Allemagne. N'est-ce pas le lieu de faire valoir ici, avec Brereton, Cameron et Vising, que nous venons de citer, et aussi avec Kürschner (*Die Gemeinsprache der Kulturwölker*, 1900) qu'à défaut du latin l'étude du français par les Allemands présente également pour eux l'avantage de leur faire apprendre les mots étrangers qui abondent dans leur prot pre langue, avantage que n'offre jusqu'ici que l'étude autremen-

longue du latin et du grec. A ce titre, l'étude de la langue française constituerait certes ces humanités populaires désirées par Diels, les humanités latines pouvant difficilement se concevoir populaires.

Et que l'on ne croie pas que de telles humanités ne soient goûtées en Allemagne ! Lors de conférences littéraires françaises organisées en ce pays par le professeur Martin Hartmann, il y eut en 1899 un total de 4.000 auditeurs répartis dans 11 villes, de 16.000 auditeurs dans 15 villes en 1900 et de 26.000 auditeurs dans 14 villes en 1901. Nous ignorons les résultats des années suivantes, mais nous ne doutons pas que les Allemands ne soient venus de plus en plus nombreux écouter, lire et commenter par des littérateurs français les fables de La Fontaine, les scènes de Molière, les contes de Daudet, les œuvres de Victor Hugo, etc. Dans certains petits centres de province, un dixième de la population assistait aux conférences. Ces chiffres, tout à l'honneur du peuple allemand, montrent avec quelle ardeur celui-ci se consacrerait tout entier à l'étude de la langue française, devenue langue auxiliaire internationale.

D'autre part, la langue allemande, quels que soient ses mérites, n'ayant pour maintes raisons (parmi lesquelles sa construction syntaxique en est déjà une plus que suffisante) aucune chance d'être admise par les autres nations, et le choix immédiat d'une langue auxiliaire ne pouvant que favoriser l'expansion économique si débordante de l'Allemagne, celle-ci ne peut hésiter entre le français et l'anglais. On pourrait en effet faire valoir le grand nombre d'humains parlant cette dernière langue. Nul doute que, dans une étude semblable à celle de M. Brereton et ayant pour titre « Vers l'Angleterre ou la France », l'auteur qui se déclarerait en faveur du français n'obtienne l'approbation de l'Allemagne tout entière.

Quelle que puisse être, d'ailleurs, l'opposition que les chauvins allemands voudraient faire à l'adoption du français, ce serait faire injure aux dirigeants que d'admettre une indifférence de leur part vis-à-vis d'un mouvement qui engloberait non seulement des nations non germaines, mais encore un groupement aussi important que celui des Suédois unis aux Norvégiens, aux Danois, aux Finlandais et aux Hollandais.

Sympathies des autres nations pour la langue française. — La Russie, elle, ne peut, naturellement, que se ranger du côté de l'alliée dont la langue est d'ailleurs déjà d'un usage courant dans les sphères officielles. Novicow ne conclut-il pas comme Wells à l'expansion définitive du français ? Quant aux nations latines dont les langues pourraient seules prétendre, philologiquement parlant, à l'internationalité, elles subissent trop l'ascendant moral, littéraire, scientifique et économique de la France pour qu'il y ait le moindre doute à émettre à leur égard. L'adoption du français de préférence à l'anglais serait avantageux surtout pour elles.

La langue française, moyen de gouvernement et instrument de paix. — Faisons encore ressortir l'importance considérable que la langue française, devenue neutre par son adoption internationale, aurait pour les États composés de nationalités diverses et souvent hostiles, telles la Russie, l'Autriche-Hongrie, l'Allemagne et même les États-Unis. Alors que la langue du conquérant ne se supporte qu'avec peine, la langue française serait admise avec empressement comme un gage de paix et de tolérance par toutes ces nationalités et amènerait bien plus sûrement l'unité. Cause de la suppression des conflits à l'intérieur des pays, la langue française préparerait aussi de cette façon la voie à la bonne entente entre les pays eux-mêmes. Ce serait l'acheminement vers la paix universelle, vœu sublime et ardent des peuples !

Conclusions

Ayant ainsi fait ressortir le besoin urgent d'une langue auxiliaire, l'inadmissibilité des langues mortes et artificielles ainsi que les raisons philologiques, historiques et politiques qui désignent la langue française au choix des peuples pour leurs échanges internationaux, essayons de montrer les moyens qui favoriseraient la diffusion de cette conviction.

Une des premières préoccupations devrait être la défense de ce patrimoine commun des peuples que doit être de plus en plus la langue française. Une protestation internationale devrait s'élever des milieux cultivés chaque fois que, par étroitesse de vues ou ignorance des nécessités mondiales, on projette, en quelque endroit que ce soit, de restreindre l'enseignement du français dans les programmes d'études. Une semblable restriction devrait être considérée par tous comme un délit de lèse-humanité au même titre que le serait, par exemple, une limitation du système métrique.

Une seconde préoccupation devrait être celle-ci : s'efforcer de faire bénéficier l'enseignement du français, dans le monde entier, de toutés les diminutions que devra fatalement subir, dans l'avenir, l'enseignement des langues anciennes.

En troisième lieu, il conviendrait d'organiser un mouvement de propagande en faveur de l'idée de la langue française employée comme langue auxiliaire, propagande assimilable comme tendance et comme moyens à celle faite si énergiquement en faveur de la paix. Mais à qui confier l'organisation d'une semblable propagande? L'examen attentif du but que se sont fixés les divers groupements existant actuellement en faveur de la langue française montre qu'aucun d'eux ne vise spécialement l'idée qui nous occupe. Voici, en effet, les principaux de ces groupements :

L'alliance française, Association nationale pour la propagation de la langue française (ayant 294 comités en France et ses colonies, et 364 comités dans le reste du monde) ;

La Mission laïque française ;

La Société des conférences françaises à l'étranger ;

Le Groupement des universités et grandes écoles françaises pour les rapports avec l'Amérique latine ;

L'Association flamande pour la vulgarisation de la langue française (Belgique) ;

L'Union romande pour la culture et l'enseignement de la langue française (Suisse) ;

La Fédération internationale pour la culture et l'extension de la langue française ;

La Société d'échange international des enfants pour l'étude des langues étrangères.

Il paraît donc indispensable de compléter les efforts faits actuellement pour l'enseignement et la culture de la langue française dans le monde, par l'organisation d'une propagande en faveur de l'emploi international de cette langue. La « Fédération internationale pour la culture et l'extension de la langue française » semble la mieux désignée pour entreprendre cette propagande dont l'objectif doit être le groupement de toutes les bonnes volontés sans distinction de langue ni de race.

Il est indiscutable que c'est surtout parmi les savants que se trouvent ces bonnes volontés, car portés plus que d'autres à suivre exactement les progrès effectués à l'étranger, ils sont les plus lésés par l'absence d'une langue auxiliaire. Déjà, pour les communications par écrit, le labeur gaspillé en la traduction des innombrables mémoires scientifiques, sans tenir compte des oublis et erreurs qu'entraîne inévitablement semblable traduction, constitue-t-il une entrave considérable et inadmissible au progrès scientifique moderne. Mais c'est lorsqu'ils sont réunis en congrès et qu'ils ont à prendre contact sans aucun intermédiaire, que les hommes de science ressentent le plus cruellement les effets de ce manque d'entente. Les discussions et les exposés restent généralement lettres mortes dans les congrès pour ceux qui ne comprennent pas la langue dans laquelle ils sont faits, surtout si elle n'est pas une des trois langues admises jusqu'à présent. L'allégorie de la tour de Babel s'impose alors à l'esprit et y fait naître le désir ardent d'une langue commune à tous les humains.

L'instruction scientifique moderne comporte presque partout l'enseignement plus ou moins développé du français. Il n'est donc pas exagéré d'admettre que bien peu de temps suffirait aux hommes de science pour vaincre toute difficulté dès que l'accord se serait effectué en faveur de la langue française. D'autre part, ce sont les savants, surtout, qui éprouvent le besoin d'une langue claire et précise pour leurs échanges internationaux.

Convaincu de la facilité de l'effort à faire dans ce sens, un groupe d'hommes de science s'est joint à nous et s'est constitué en comité provisoire d'une « entente scientifique internationale pour l'adoption d'une langue auxiliaire (1) ».

(1) Voici la composition de ce comité provisoire :
MM. Apostolides, N., professeur à l'Université d'Athènes ;
Ansiaux, Maurice, professeur à l'Université de Bruxelles ;
Bedot, M., professeur à l'Université de Genève ;
Bodgan, G., professeur l'Université de Jassy ,
Bolivar, J., professeur à l'Université de Madrid ;
Catsaras, ., recteur de l'Université d'Athènes ;
Chwolson, O. D., professeur à l'Université de Saint-Pétersbourg ;
Cosmovici, L., professeur à l'Université de Jassy ;
Demoor, J., professeur à l'Université de Bruxelles ;
Ferrero, G., historien à Turin ;
Fürstenhoff, J., professeur de l'Extension universitaire de Belgique ;
Girard, A., irecteur du Musée du Roi de Portugal, à Lisbonne ;
Horvath, G., membre de l'Académie des sciences de Hongrie, directeur de la section zoologique du Musée national hongrois, à Budapest ;
Magalhaes-Lemos, professeur à la Faculté de médecine d'Oporto ;
Marinesco, G., professeur à l'Université de Bucarest ;
Mittag-Leffler, G., professeur à l'Université de Stockholm ;
Morselli, E., professeur, directeur de clinique à Gênes ;
Novicow, I., publiciste, à Odessa ;
Pelseneer, membre de l'Académie de Belgique ;
Dr Racovitza, Em., sous-directeur du laboratoire Arago, directeur des Archives de zoologie expérimentale ;
Dr Sollier, médecin du Sanatorium de Boulogne-sur-Seine ;
Van Laer, H., professeur à l'Ecole des mines à Hainaut, à Bruxelles ;
Wilmotte, M., membre de l'Académie de Belgique.

Ce groupement a déjà pu manifester son activité en amenant la création d'une section scientifique au Congrès pour l'extension et la culture de la langue française, Congrès siégeant à Arlon, en septembre 1908, et en faisant inscrire la question suivante au programme dudit Congrès :

« Il y a lieu d'étudier la meilleure façon de parer aux difficultés « qu'éprouvent de plus en plus les savants des divers pays pour « l'échange de leurs idées. Le nombre de langues admises dans les « Congrès internationaux était jusqu'à présent de trois. Ce nombre « tend à s'accroître par suite de l'avènement scientifique et industriel « de nouveaux pays tels que l'Italie, la Russie, le Japon, etc.; et par « suite aussi du rapprochement de plus en plus intense des peuples « favorisés par la rapidité des communications. Il appartient certes « à notre Congrès d'engager les savants, tout au moins des pays « latins et slaves, à adopter le français pour leurs communications « scientifiques internationales. Par suite de l'économie considérable « de temps ainsi réalisée, une entente entre ces pays aiderait puissam- « ment à leur progrès scientifique, et leurs savants et techniciens « assureraient une publicité bien plus étendue à leurs travaux. »

Que tous les hommes partageant ces vues veuillent bien formuler leur adhésion à l'organisme qui se forme et du même coup s'opérerait un progrès dont la haute portée sociale est évidente pour tout esprit cultivé. Empruntons à la science une comparaison qui montre combien une impulsion même légère peut amener de féconds résultats lorsque les circonstances sont favorables. Cette impulsion initiale est semblable au germe cristallin amené dans un milieu sursaturé. L'apport de cette parcelle impondérable établit comme par enchantement la belle ordonnance cristalline, de même l'annonce d'une propagande en faveur de l'emploi du français comme langue auxiliaire fera s'ajouter d'elles-mêmes les unes aux autres les molécules humaines pour les ranger dans un ordre idéal au point de vue linguistique, tant les conditions sont en faveur de l'entente. Du monde scientifique, le mouvement s'étendra aux autres milieux jusqu'aux masses profondes des peuples et fera graduellement disparaître la plus grave des causes de discorde, celle provenant de l'impossibilité de se comprendre.

La logique indique la voie à suivre pour atteindre ce but. Le premier groupement doit comprendre, d'abord les hommes de science, amis des lettres françaises, c'est-à-dire ceux de Belgique, de Suisse, du Canada, du Luxembourg, puis tous ceux parlant une langue-sœur du français, tels les Italiens, Portugais, Grecs, Roumains, Américains du Sud. En troisième lieu, viendraient les autres peuples, exception faite des Anglais et des Allemands, c'est-à-dire les Slaves, Scandinaves, Finlandais, Turcs, Arabes, Persans, etc.

On atteindrait ainsi dès maintenant un premier résultat accepté d'avance par le monde savant tout entier. Les savants anglais et allemands se réjouiraient avec les autres de voir définitivement limité à trois le nombre de langues admises dans les congrès et les relations scientifiques internationales. L'avènement industriel de pays tels que la Russie, l'Italie, le Japon, etc., celui qu'il est permis de prévoir pour d'autres pays, peuvent faire craindre en effet que l'amour-propre national des nouveaux-venus ne leur fasse exiger la mise de leur langue sur le même pied que les idiomes mondiaux, à défaut d'une langue auxiliaire. Déjà, par exemple, il fallut admettre officiellement quatre langues, y compris la langue italienne, au Congrès de chimie tenu à Rome en 1906, et cette décision provoqua nombre de protestations de la part de savants allemands et russes. (Voir *Chemiker-Zeitung*, 1906, I, pp. 141, 212, 226, 255, 256.)

Il se conçoit cependant que l'emploi de trois langues ne peut constituer qu'un acheminement vers l'adoption d'une seule langue auxiliaire qui ne peut être que le français. Celui-ci une fois assuré des suffrages de tous les autres peuples, les Anglais et les Allemands ne pourraient que se ranger dès lors du côté de la majorité (comme, par exemple, dans le cas du système métrique, que l'Angleterre devra adopter prochainement). D'ailleurs, leur consentement est acquis d'avance, comme nous l'avons indiqué précédemment, si le choix doit se faire pour les Allemands entre le français et l'anglais, et pour les Anglais entre le français et l'allemand. L'adoption universelle du français semble devoir être finalement la solution de semblables dilemmes. On peut donc la prévoir sans excès d'optimisme.

POITIERS

IMPRIMERIE DE *LA REVUE DES IDÉES*

BLAIS ET ROY

7, RUE VICTOR-HUGO, 7

www.ingramcontent.com/pod-product-compliance
Ingram Content Group UK Ltd.
Pitfield, Milton Keynes, MK11 3LW, UK
UKHW021031220726
13924UKWH00001B/246

9 782019 92706